Philippe Legendre

J'APPRENDS À DESSINER

Les bébés animaux

FLEURUS

www.fleuruseditions.com

Tous les enfants savent dessiner un rond, un carré, un triangle...
Alors, ils peuvent aussi dessiner un chaton, un éléphanteau ou un bébé panda.
Notre méthode est facile et amusante. Elle apporte à l'enfant une technique
et un vocabulaire des formes dont se sert tout dessinateur.
La construction du dessin se fait par l'association de formes géométriques
créant un ensemble de volumes/surfaces. Il suffit ensuite, par une ligne droite,
courbe ou brisée, de donner son caractère définitif à l'esquisse.
En quelques coups de crayon un motif apparaît,
un peu de couleur et voici réalisée une belle illustration.
Cette méthode propose un apprentissage de la technique
et une première approche de la composition, des proportions, du volume,
de la ligne. Sa simplicité en fait une méthode où le plaisir
de dessiner reste au premier plan.

PHILIPPE LEGENDRE
Peintre-graveur et illustrateur, Philippe Legendre anime
aussi un atelier de peinture pour les enfants de 6 à 14 ans.
Intervenant souvent en milieu scolaire, il a développé
cette méthode pour que tous les enfants puissent
accéder à l'art du dessin.

**Chaque dessin est fait à partir d'un petit nombre de formes
géométriques qui sont indiquées en haut de la page.
C'est ce qu'on appelle le vocabulaire de formes.
Il peut te servir à t'exercer avant de commencer le dessin.**

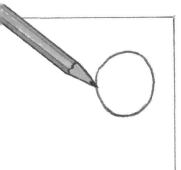

1. Fais l'esquisse du dessin au crayon
et à main levée. Attention, pas de règle
ni de compas !

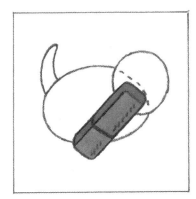

2. Les pointillés indiquent
les traits de construction
qui doivent être gommés.

3. Une fois ton dessin terminé,
colorie-le. Si tu veux, repasse
en noir le trait de crayon.

Et maintenant, à toi de jouer !

vocabulaire de formes

Il te regarde avec des yeux tendres

pour que tu le caresses.

Le bébé lapin

vocabulaire de formes

1 C'est un petit nuage sur quatre pattes,

2 doux comme un... agneau.

L'agneau

vocabulaire de formes

Un jour,

il aura de grandes défenses

comme ses parents.

L'éléphanteau

vocabulaire de formes

1

2

3 **Il jappe**

4 **et remue la queue quand il est content.**

Le petit chien

vocabulaire de formes

Dès sa naissance,

il sait tenir sur ses jambes et gambader.

Le poulain

vocabulaire de formes

1 Ce nounours tout rond

2 est aussi la mascotte des petits Chinois.

Le bébé panda

vocabulaire de formes

Coin, coin,
dès qu'il sort de l'œuf,
il plonge dans la mare.

Le caneton

vocabulaire de formes

1 Il joue et saute comme un petit diable

2 et puis dans son panier, dort comme un ange.

Le chaton

vocabulaire de formes

Mignon comme une peluche,

il nous étonne quand il se dresse.

L'ourson

Les bébés animaux adorent jouer, courir, sauter, se cacher et monter aux arbres¾!

Dessine-les dans un jardin extraordinaire où ils s'amusent ensemble.

Loi n° 49-956 du 16 juillet 1949 sur les publications destinées à la jeunesse.

Direction éditoriale : Christophe Savouré
Direction de création : Laurent Quellet
Édition : Christine Hooghe
Direction artistique : Armelle Riva
Conception graphique de la collection : Isabelle Bochot
Mise en page et gravure : Point 4

© Fleurus Éditions, janvier 2010
15/27 rue Moussorgski, 75018 Paris
Dépôt légal : janvier 2010
ISBN : 978-2-215-10137-6
ISSN : 1257-9629
4e édition – n° P14062

Imprimé en France par Pollina en mars 2014 - L67812H

J'APPRENDS À DESSINER

+ de 50 titres parus

Philippe Legendre

J'APPRENDS À DESSINER

les dinosaures

une collectio

Philippe Legendre

J'APPRENDS À DESSINER

la famille

Philippe Legendre

J'APPRENDS À DESSINER

chevaliers et châteaux forts

Philippe Legendre

J'APPRENDS À DESSINER

les contes

Philippe Legendre

J'APPRENDS À DESSINER

la mer

Philippe Legendre

J'APPRENDS À DESSINER

les animaux d'Afrique